W0030288

Bibliothek für Lebenskünstler

R. G. E. LEMPP

KINDER FÜR ANFÄNGER

MIT ZEICHNUNGEN VON LORIOT

DIOGENES

200/78/P/7
ISBN 3 257 01404 X

INHALT

VORWORT

Wenn Sie auf Grund des Titels hoffen, einen Erziehungsratgeber in Händen zu halten, in dem Sie nachschlagen können, was zu tun sei, wenn Ihr Sohn Ihnen die Zunge herausstreckt oder Ihre Tochter abends zu spät nach Hause kommt, dann geben Sie dieses Buch schnell wieder zurück oder tauschen Sie es um. Einen solchen – zweifellos oft nötigen – Rat werden Sie darin nicht finden. Wenn Ihre Eltern und Sie sich gut vertragen haben sollten, brauchen Sie das Buch auch nicht zu lesen, denn dann sind alle Voraussetzungen zur hinreichend guten Erziehung Ihrer Kinder schon gegeben. Erziehung oder besser das Erziehen kann man nicht lehren und daher auch nicht lernen. Erziehen ist nur scheinbar ein Tätigkeitswort, eigentlich ist es ein Zustand, eine Haltung. Die Existentialisten würden vielleicht sagen: ein »So-sein«. Groß-sein, eine lange oder eine kurze Nase haben oder Vergnügt-sein kann man auch nicht lernen. Man ist es, oder man ist es nicht.

Wenn es Sie aber interessiert, warum Ihr Sohn Ihnen nicht gehorcht und Ihre Tochter abends später nach Hause kommt als Sie es wünschen, dann können Sie ja einmal vorsichtig weiterlesen. Da dies Probleme sind, die nicht so rätselhaft sind, wie Sie vielleicht befürchten, könnte es durchaus sein, daß Sie auf den folgenden Seiten etwas finden, das zufällig auch für Ihren speziellen Fall einigermaßen zutrifft. Vielleicht ergibt sich dann auch ganz von allein – nein, nicht was Sie tun könnten – (nicht immer etwas tun wollen!), sondern wie Sie selbst sein könnten oder sollten, damit Sie weniger Sorgen mit Ihren Kindern haben.

Denn für unentwegt besorgte Eltern sind Kinder eigentlich zu schade.

DIE ZEUGUNG

Darüber erfahren Sie von mir nichts, zumindest nichts über das »Wie«. Wenn Sie das nicht mehr wissen, kaufen Sie sich einfach eine Illustrierte oder fragen Sie – je nachdem – Ihren Mann oder Ihre Frau.

Dennoch muß ich mit der Zeugung (schreckliches Wort!) anfangen, denn schon damit beginnen die Kinder bei uns eine Rolle zu spielen. Es wird heute so viel von »bewußter Elternschaft« geschrieben, und man geniert sich schon, wenn man zwei Kinder hat, die nur ein Jahr im Alter auseinander sind. Es glaubt einem dann niemand mehr, daß man »geplant« hat, und alles andere ist doch unverantwortlich oder rücksichtslos oder triebhaft. Trotzdem meine ich: Planen Sie nicht so viel. Jedenfalls nicht, wenn

Sie ganz jung verheiratet sind oder sich jung verheiratet fühlen. Später müssen Sie noch früh genug planen und vernünftig sein. Wenn man schon vernünftig ist zum Zeitpunkt der Heirat, dann ist das ein Widerspruch in sich selbst.

Mit dem Planen ist es nämlich gar nicht so weit her. Wissen Sie denn, ob es Ihnen in neun Monaten gerade gut paßt – so lange dauert es nämlich auch heute noch – und ob Sie dann genug Geld, eine große Wohnung und Ihre Raten alle abbezahlt haben? Der zukünftige Vater hat vielleicht bis dahin seine Stellung verloren und ist auf Arbeitssuche, die Wohnung ist gekündigt, weil Sie Streit mit dem Hausbesitzer hatten, und zu den alten Raten sind neue gekommen, weil das Radio nicht mehr zu reparieren war. Abgesehen davon weiß niemand, ob es wirklich neun Monate sind, die abgewartet werden müssen. Manchmal muß man zehn, zwölf oder noch mehr Monate warten, und manchmal wartet man sogar

... wenn Sie das nicht mehr wissen, kaufen Sie sich einfach eine Illustrierte.

immer vergeblich. Und was die Planung nach zehn Jahren wert ist, weiß niemand.

Aber das wäre alles nicht so schlimm. Viel schlimmer ist, daß Ihr Kind, in neun Monaten oder später präzis eingeplant zwischen letzter Kühlschrankrate und erster Autoanzahlung, auch im Wert zwischen diesen Kulturgütern rangiert. Das Kind wird zum Hausgerät, zum Objekt, das Sie sich anschaffen, aber nicht wieder abschaffen können. Das Kind merkt genau, sobald es auf der Welt ist (auch schon vorher), ob es nur ein Objekt, ein Familienspielzeug, ein Prestigegegenstand zur Bestätigung der Potenz der Eltern ist. Und dann hat es zeitlebens Angst vor dem »Wiederabschaffen«, vor der »Rückgabe bei Nichtgefallen«. Eltern, die ihre Kinder anschaffen, schaffen sie, wenigstens in Gedanken und vielleicht nur für einen Augenblick, auch wieder einmal ab. Dann haben die Eltern ein schlechtes Gewissen. Und wenn man ein schlechtes Gewissen hat, dann schimpft man entweder wegen jeder Kleinigkeit oder man traut sich nicht »nein« zu sagen. Oft zur Unzeit.

Vielleicht gehorcht der Sohn deswegen nicht immer so, wie er soll?

Also lassen wir die Kinder – zunächst – ruhig kommen, wenn sie kommen wollen und die Eltern überhaupt welche haben wollen. Sonst wären sie ja auch keine Eltern, sondern nur ein Ehepaar.

Es gibt kluge Leute, die behaupten, sie planten dem Kinde zuliebe. Man habe sonst keine Zeit für das Kind, und man müsse ihm ja auch etwas bieten. Ja, schon, aber dann muß man wissen, was man den Kindern bietet. Eine krankmachende Eifersucht gegen die nächst jüngeren Geschwister entsteht nämlich nachgewiesenermaßen besonders häufig dann, wenn der Altersabstand drei, vier und mehr Jahre beträgt, also wenn der Junge oder das Mädchen einige Jahre Zeit gehabt hat, sich an den bevorzugten Status des Einzigen oder Jüngsten zu gewöhnen.

Wenn es dagegen bald die Mutter mit dem Nächsten teilen lernen muß, geht es offenbar leichter. Die Statistik hat's bewiesen, und die muß es wissen! Sie hat darüber hinaus noch bewiesen, daß es die ältesten von zwei Kindern sind, die es besonders schwer haben und die am ehesten Erziehungsschwierigkeiten bereiten oder zu Neurosen neigen. Offenbar fühlen sie sich aus der Favoritenrolle verdrängt und müssen sich nun – und das scheint das Entscheidende zu sein – immer nur und ausschließlich mit diesem einzigen Bruder oder dieser Schwester abgeben, ob sie wollen oder nicht. Wenn sie zu dritt sind und im Alter nicht zu weit auseinander, dann sind einmal die einen gegen den dritten verbündet, und nach einiger Zeit schließt sich der dritte mit dem zweiten gegen den ältesten zusammen, wie es sich gerade gibt. Das bekommt dem Kinde viel besser.

Nun, das heißt natürlich nicht, daß Sie unbedingt drei, vier oder gar sechs und zehn Kinder haben müssen. Sie sollen nur wissen, daß es nicht unbedingt bequemer ist, nur ein oder zwei Kinder zu haben, und daß es nicht so erfreulich ist, die Windeln und den Stubenwagen wieder herauszukramen, wenn sie verstaubt auf dem Dachboden stehen, das ältere Kind vielleicht schon zur Schule geht und die Eltern sich gerade trauten, abends ohne Babysitter ins Kino zu gehen. Das sollte man wissen, bevor man plant.

Außerdem reicht's mit dem Planen noch, wenn drei Kinder da sind. Dann sind die Eltern älter geworden, und das Planen fällt leichter. Dazu ist es nie zu spät. Wenn man aber einmal angefangen hat zu planen, kann man es schlecht wieder aufgeben.

Besonders schlecht ist es, wenn man geplant hat und das Kind ist – was wir nicht hoffen wollen – vielleicht nicht ganz gesund. Dann war es nämlich eine Fehlplanung, und die verzeiht man sich nicht so leicht. Was einem ungeplant in den

Schoß fällt, nimmt man eher hin, wie der Bauer das gute oder schlechte Wetter, für das er niemand anderen verantwortlich machen kann als den lieben Gott. Den kann man dann auch beruhigt für das nicht ganz gelungene Kind verantwortlich machen. Das ist für alle Beteiligten am besten.

Eine befremdliche Art des Planens betreiben Eltern, die ihrem Kinde Aufträge erteilen, bevor es geboren ist. So soll das Kind, wenn es da sein wird, etwa die Heirat der Eltern gegen den Wunsch der künftigen Großeltern durchsetzen oder der von der Oma abhängigen Mutter endlich ihre innere Selbständigkeit beweisen oder auch eine zerbröckelnde Ehe kitten oder auch nur das Prestige der Eltern heben. Und wenn dann das Kind diesen Auftrag, von dem es gar nichts weiß, nicht erfüllt, nicht erfüllen kann – was dann?

Solche Bedingungen der Elternliebe, noch so versteckt und getarnt, bekom-

Was einem ungeplant in den Schoß fällt, nimmt man eher hin.

men erfahrungsgemäß allen Beteiligten schlecht, besonders aber dem Kind. Das hat nämlich so große Ansprüche, daß es ohne jede Bedingung geliebt werden will, auch ohne die Bedingung, ein braves, schönes, wohlgeratenes Kind, eins zum Vorzeigen zu sein, sondern einfach nur, weil es eben das Kind seiner Eltern ist, einfach so ...

DIE SCHWANGERSCHAFT

Während dieser Zeit können Sie Ihr Kind noch nicht erziehen – Gott sei Dank. Die meisten Eltern täten es wahrhaftig gern schon vor der Geburt. Und gerade die können es später überhaupt nicht.

Aber Sie könnten sich immerhin beizeiten ein paar Gedanken machen. Sie könnten daran denken, daß Sie schon beinahe zu dritt sind. Wenn Sie, liebe Leserin, fürchterlich spucken müssen in der ganzen Zeit und Ihnen die Schwangerschaft eine rechte Last ist, dann überlegen Sie sich einmal in einer stillen Stunde, ob Ihnen das Kind vielleicht gar nicht gelegen kommt oder ob Sie Angst vor dem Kinde und der Geburt haben oder ob Sie fürchten, es störe Ihre Ehe oder Ihren Beruf. Vielleicht fällt Ihnen da in irgendeiner verschwiegenen Ecke Ihres Gewissens etwas ein. Vielleicht läßt sich diese Furcht auch beseitigen. Etwa durch eine Aussprache mit Ihrem möglicherweise verständnisvollen Mann, der sich bitte hierfür Zeit nimmt, wie er sich überhaupt hin und wieder Zeit nehmen sollte, um sich mit seiner Frau über das Kind zu unterhalten. Fällt Ihnen allerdings nichts ein, brauchen Sie nicht unbedingt gleich zum Psychoanalytiker zu gehen, um böse, dem Kinde feindliche Gedanken ausgraben zu lassen. Seien Sie beruhigt, es gibt auch noch andere, körperliche Gründe für das Spucken am Morgen. Wenn es aber heftig wird und anhält, dann gehen Sie so bald wie möglich zu einem Arzt. Am besten zu dem, der das Kind dann später zur Welt bringt.

Wenn Sie sich mit Ihrem Mann über das Kind unterhalten, dann legen Sie sich bitte nicht darauf fest, daß es sicher ein

Junge oder auf jeden Fall ein Mädchen werden muß. Noch haben beide ziemlich gleich viel Chancen, und Sie müssen beide nehmen, wie sie kommen. Und jede Voreingenommenheit ist eine Kränkung für das nicht erwartete andere Geschlecht. Besonders Sie, mein Herr, neigen törichterweise dazu, es müsse ein Junge sein. Ich kannte einen nicht ungebildeten Mann, der brannte, solange seine Frau noch in der Klinik lag, mit seinen Freunden im Garten ein Feuerwerk ab, weil es nach zwei Mädchen ein Junge wurde. Warum eigentlich? Wegen des Familiennamens? Ist der so wichtig? Es sei denn, Sie seien ein Fürst in einem Land mit gesetzlicher männlicher Erbfolge. Aber das ist ja ziemlich unwahrscheinlich. Außerdem behielten Sie ja den Thron, solange Sie leben.

Wie es auch sei, Ihre Frau kann jedenfalls nichts dafür. Wenn schon einer, dann Sie. Das entscheidende Y-Chromosom kommt nämlich von Ihnen! Vielleicht sind diese Sorgen bald vorbei, und Sie können sich beim Frauenarzt oder in der Drogerie bestellen, was Sie wollen. Aber dann müssen Sie wieder planen. Diese Planung hätte im Falle der Uneinigkeit der Ehegatten der Vormundschaftsrichter zu entscheiden. Ich würde es doch lieber dem Zufall überlassen.

Also, solange es noch nicht soweit ist, suchen Sie für Ihr Kind »in utero« einen neutralen, möglichst sächlichen Namen – irgendwie muß man ja von »ihm« sprechen. Dann ist nichts vorweggenommen, und das Kind ist nicht enttäuscht, wenn es auf die Welt kommt. Es hätte eben sonst womöglich Angst, man wolle es »wegen Nichtgefallens« zurückgeben. Das könnte nämlich dann die Ursache sein, warum Ihr Sohn Ihnen nicht pariert und Ihnen die Zunge 'rausstreckt.

Vor der Geburt haben Sie vielleicht beide Angst, weil Sie von wohlwollenden Tanten auf die »schwere Stunde« hingewiesen wurden oder weil Sie einen

Wie es auch sei, Ihre Frau kann jedenfalls nichts dafür.

Roman gelesen haben, in dem die Mutter bei der Geburt zur Lösung des Problems oder zwecks erforderlicher Tragik sterben mußte. Etwa bei Hemingway in ›Farewell to arms‹. Literarisch ist das häufiger als in Wirklichkeit. Aber vielleicht ist es gut, wenn Sie sich vorher von Ihrem Arzt ganz genau erklären lassen, was bei einer Geburt etwa vor sich geht und warum diese oder jene Begleiterscheinung auftritt und auftreten muß. Das genaue Wissen um alles drum und dran vermindert Sorge und Verspannung, und das tut nicht nur der Mutter, sondern auch dem Kind gut – und auch Ihrem Verhältnis zum Kind. Und lassen Sie Ihren Mann auch daran teilhaben. Er sollte sich dafür interessieren. Das Kind gehört nämlich auch ihm. Wenn Sie vorher – unter Leitung Ihres Doktors oder einer Hebamme (die es gelernt hat) – Entspannungs- und Atemgymnastik betreiben, um so besser.

DIE GEBURT

Auch bei der Geburt können Sie Ihr Kind noch nicht erziehen. Es kommt, wann es will – oder wenn der Frauenarzt es für nötig befindet.

Lieber werdender Vater, erkundigen Sie sich doch beim Arzt, ob Sie bei der Geburt dabei sein dürfen – wenn Ihre Frau es will. Suchen Sie sich ruhig den Arzt heraus, der es erlaubt. Es sind nicht die schlechtesten. Manche fühlen sich durch den Mann gestört, manche Hebammen können überhaupt die Männer nicht leiden (warum? Dazu braucht man keinen Psychoanalytiker zu fragen). Aber das muß ja nicht sein, es gibt auch andere.

Jedenfalls finde ich es besser, der Vater nimmt Anteil und sieht, wie seine Frau arbeiten muß, als daß er nachher das Kind verlegen entgegennimmt und dabei denkt: ›Das ist also das Kind, das meine Frau und der Doktor zusammen gekriegt haben.‹ Aber immer vorausgesetzt, Ihre Frau sei einverstanden mit Ihrem Dabeisein. Vielleicht kennt sie Sie besser und will lieber allein bleiben. Deswegen sind Sie dann zum Erziehen Ihres Kindes noch nicht untauglich.

Und Sie, geneigte Leserin, zerbrechen sich bitte nicht den Kopf, ob Sie Ihr Kind mit oder ohne Narkose bekommen wollen. Wenn der Arzt meint, es sei eine Narkose nötig, dann ist es sicher besser so. Sie sind deswegen noch keine Rabenmutter oder gingen sämtlicher Muttergefühle verlustig. Die kommen sowieso erst später beim Stillen. Ich glaube allerdings, daß es schon was Besonderes ist, wenn man die große Erleichterung und das erste Krächzen auch selbst erlebt und hört, und daß es schade ist, das alles zu verschlafen. Aber erstens glaube ich es nur, weil ich ein Mann bin und bis jetzt noch kein Kind geboren habe, und zweitens ist die Narkose, wie schon gesagt, kein tiefenpsychologisches Unglück und sicher nicht der Grund, wenn Ihre Tochter einmal abends nicht pünktlich nach Hause kommt.

Dann aber, mein Herr, wenn das Kind nun – mit oder ohne Ihre Hilfe – da ist, dann zeigen Sie Ihrer Frau auch, daß Sie sich freuen – auch wenn es »nur« ein Mädchen ist. Denn Ihre Frau meint nun, jetzt müsse die Welt, eine Weile wenigstens, stille stehen und alle Menschen müßten zur Kenntnis nehmen, daß sie ein Kind geboren hat. Daß die Zeit nicht stille steht und alle Leute auf der Straße von diesem Ereignis keinerlei Notiz nehmen, das ist für Ihre Frau eine herbe Enttäuschung, die Sie ihr erleichtern können. Lassen Sie einfach Ihre Zeit, die Zeit Ihres Berufsalltages für eine Weile still stehen. Der Alltag kommt für Sie beide früh genug. Und Ihr Kind spürt es vielleicht einmal doch, ob sein Erscheinen ein Ereignis war oder nicht. Für das Kind ist das nicht unwichtig.

DAS SÄUGLINGS-ALTER

Zunächst die Frage: Können Sie stillen? (Ich meine jetzt nicht den Vater.) Das Stillen ist wirklich sehr wichtig, wenigstens für einige Zeit. Nicht wegen der Muttermilch, diese kann unsere Milchindustrie weitgehend ersetzen, wenn auch nicht so preiswert. Allerdings nur weitgehend. Zum Beispiel ohne Immunstoffe. Aber darum geht es weniger. Es geht um das Trinken an der Brust, um den Hautkontakt. Schon der französische Maler Renoir, der bestimmt von Psychoanalyse noch nichts wußte, war ganz gegen die künstliche Ernährung. Und zwar nicht nur, weil die Milch der Frauen, wie er sagte, für die Kinder bestimmt ist, sondern auch, weil ein Baby seine Nase an die Brust der Mutter stupsen, sie beschnuppern, sie mit seinen Händen betasten müsse. Aus Flaschenkindern würden seiner Ansicht nach Männer, denen der Sinn für Zärtlichkeit fehle, Einsame, die Drogen brauchen, um ihre Nerven zu beruhigen oder noch schlimmer, jene Wilden, die immer glauben, man wolle sie angreifen. Er betonte, daß die kleinen Kinder einen tierischen Schutz brauchten, jene Wärme, die aus einer lebendigen Unterlage stamme. Wenn wir sie dessen beraubten, so meinte er, zögen wir eine Generation von Abnormen groß.

Das Spüren von Wärme, weicher Haut, verbunden mit dem Genuß der Sättigung, ist als primäres Erlebnis, so glaube ich, nicht hoch genug zu schätzen. Manche wollen zeitlebens nicht mehr darauf verzichten und das sind nicht die Schlechtesten. Das Stillen ist aber nicht nur wichtig für die Tochter oder den Sohn, sondern auch für die Mutter. Ich kenne Mütter, die ihr Kind nicht haben wollten – vielleicht infolge einer später bereuten Begegnung mit einem bösen Manne, dessen Nase ihnen nicht mehr gefiel, der plötzlich über alle Berge war oder aus was für Gründen mehr – und die vor der Geburt schworen, sie wollten das Kind nicht sehen und es gleich zur Adoption freigeben. Unvorsichtigerweise hatten sie jedoch ihr unerwünschtes Kind gestillt. Nach dem ersten Stillen war von Hergeben und Adoption dann nicht mehr die Rede, und sie wurden gute Mütter. Nicht zu Unrecht spielt der Busen in der Geschichte der Menschheit eine so gewichtige Rolle. Es ist eine eigentümliche Sache mit der Hautnähe. Man sollte nicht zögern, sich gelegentlich zu streicheln. Ich glaube, man würde sich besser verstehen.

Vielleicht können oder dürfen Sie nicht stillen. Schade! Aber vielleicht können Sie Ihr Kind dafür öfter einmal in den Arm nehmen und Ihre Körperwärme spüren lassen. Einfach so, ohne zwingenden Grund. Das kleine Kind ist nämlich noch ein Stück von Ihnen. (Der Vater spielt zur Zeit keine besondere Rolle, er muß warten und für Behaglichkeit, weniger grobe Arbeit und das Haushaltsgeld sorgen.) Es kann noch nicht denken und einordnen, was es sieht, hört und fühlt. Aber fühlen kann es wohl. Es kann sich wohl oder unbehaglich fühlen, zufrieden oder unzufrieden sein. Es unterscheidet noch nicht zwischen sich selbst und seiner Umwelt. Das ist alles eins. Wenn es friert und Hunger hat, oder, was häufiger ist, schwitzt und überfüttert ist, dann ist die ganze Welt schlecht und unbehaglich, sonst aber ist alles schön, angenehm und zufriedenstellend. Alles, die ganze Welt.

Ich meine, man merkt manchen Menschen noch im Alter an, ob die Welt für sie von vornherein, seit eh und je, widrig, unbehaglich, ja quälend war. Die einen ärgern sich zeitlebens darüber, die andern flüchten sich in eine Welt der Phantasie, in der sie die böse, reale Welt nicht brauchen. Beides sind keine guten Lösungen. Vielleicht kommt Ihre Tochter deswegen zu spät nach Hause ... ?

Ja, gleich mit dem Stillen, dem Füttern der Säuglinge fängt die Erziehung an. Wohlmeinende, aber an Erinnerungsschwäche leidende Großmütter erklären, jeder gesunde Säugling brauche zwischen der letzten Mahlzeit um zehn Uhr abends und der ersten um sechs Uhr in der Frühe nichts und müßte durchschlafen. Sogar die Schwester in der Klinik hat vielleicht bei der Entlassung mit ernstem Augenaufschlag behauptet, der kleine Mensch schlafe gut durch und brauche bei Nacht keine Mahlzeit. Der Doktor ist zwar auch der Meinung, er weiß nur nicht, daß die Nachtschwester ihre Ruhe haben wollte und selbstverständlich bei Nacht etwas zufütterte, wenn das kleine Wesen zu schreien anfing.

Also, wenn um ein Uhr oder zwei Uhr nachts Ihre Tochter oder Ihr Sohn weint, dann plagen Sie sich nicht und liegen Sie

Wenn ein Kind etwas möchte, ist das allein noch kein triftiger Grund, es ihm abzuschlagen.

nicht gemeinsam mit Ihrem verärgerten Gemahl wach, bis es sechs Uhr ist, sondern nehmen Sie das Kind aus dem Korb (oder besser: lassen Sie es von Ihrem Manne holen) und füttern Sie es, bis es zufrieden ist. Spätestens um 2.45 Uhr schläft die ganze Familie wieder fest.

Es gibt dann kluge Leute, die sagen etwas von »Konsequenzen« und meinen, das Kind käme nun für immer und ewig nachts um zwei Uhr und wollte etwas haben. Das ist nur eine faule Ausrede, weil sie nachts nicht aufstehen wollen. Spätestens nach zehn bis vierzehn Tagen wachen Sie in der Frühe auf und merken, daß die ganze Familie, auch der Sohn oder die Tochter, die Nachtmahlzeit verschlafen hat.

Das gilt übrigens auch sonst für die sogenannten »Konsequenzen« oder für die sogenannte »konsequente Erziehung«. (Das Wort treibt mir die Galle hoch.) Die »konsequente Erziehung« ist nur Ausrede und Entschuldigung für die Bequemlichkeit und mangelnde Anpassungswilligkeit der Eltern oder Erzieher. Grundsätzlich: Wenn ein Kind etwas gern möchte, ist das allein noch kein triftiger Grund, es ihm abzuschlagen. Und die Bequemlichkeit der Eltern ist – bis zu einer gewissen, noch weit entfernten Grenze – auch kein einsehbarer Grund. Das Schreckgespenst, das an die Wand gemalt wird, ist stets das Kind, das seine Eltern tyrannisiert. Bis dahin ist jedoch ein weiter Weg. Im übrigen: Nur der wirklich Überlegene kann nachgeben.

Das Kind erkennt Sie zunächst noch nicht. Es lacht Sie an, wenn Sie in den Wagen sehen, aber das tut es auch, wenn der Kaminfeger hereinsieht, zunächst. Erst so nach einem halben Jahr, nach acht Monaten, lernt es, zwischen Gesichtern zu unterscheiden, und lacht nur noch, wenn Sie selbst hineinsehen. Vorausgesetzt, daß Sie acht Monate lang regelmäßig und fleißig hineingesehen, und dies nicht der Oma allein überlassen haben.

Erst nach einem halben Jahr lernt das Kind, zwischen Gesichtern zu unterscheiden.

Meinen Sie nun nicht, jetzt sei das Kind noch klein, jetzt vermisse es Sie noch nicht, jetzt könnten Sie noch Geld verdienen und der Oma mache ja das Kinderfüttern so viel Spaß. Nichts gegen die Oma, der das Spaß macht und die es auch ganz gut kann. Aber sie hat dann die Vorhand beim Kind und es ist dann nicht mehr Ihres allein, es kennt dann nur das Gesicht der Oma, oder es kennt zwei Gesichter, aber nicht so ganz sicher. Nichts gegen die Oma, aber sie hat Erfahrung, und die kann stören. Hier fehlt Ihre ängstliche Unbekümmertheit und Ihre unbekümmerte Ängstlichkeit. Die Großmütter sind ängstlich oder sie wissen alles ganz genau, aber nie beides.

Also bleiben Sie, wenn Sie können, daheim beim Kinde. Jede Viertelstunde, die Sie mit ihm zusammen sind, auch wenn es nur im Wagen liegt und schläft, ist wertvoll für Sie und das Kind, und es lohnt sich.

Man muß auch das »Elternsein« lernen, muß hineinwachsen und mit dem Kinde groß werden. Das kann man nur, wenn man dabei ist. Das gilt auch für Väter, aber die müssen ja manchmal weg zum Geldverdienen. Sie sind auch jetzt noch nicht so wichtig, das kommt erst später.

DAS ZWEITE LEBENSJAHR

Nach dem ersten Geburtstag wird erst aktuell, was ich vorhin sagte, daß es nämlich noch keine ausreichende Begründung sei, den Wunsch eines Kindes abzulehnen, weil es ja nur der Wunsch eines Kindes sei. In dem Moment, wo ein Kind Stehen und Laufen gelernt hat, kann es seinen Wünschen viel stärker und vielgestaltiger Ausdruck verleihen, und es hat mehr Wünsche als vorher. Zunächst ein Wort zum Laufen- und Sprechenlernen: Das Nachbarskind oder die Kinder der Großmutter konnten im jeweiligen Alter schon längst frei herumlaufen und redeten bereits wie ein Buch, im Gegensatz zu Ihrem zurückgebliebenen Baby.

Lassen Sie sich nicht stören, denn es ist nicht wahr.

Wenn Ihr Kind allerdings schon eineinhalb Jahre alt ist und noch keine Miene macht, zu gehen, und noch kein Wort außer einem vieldeutigen »da-da« sagt, dann gehen Sie doch einmal zum Arzt.

Vorher aber regen Sie sich nicht auf und glauben Sie keiner Nachbarin etwas. Sollten Sie sich doch ärgern, dann prüfen Sie einmal ganz vorsichtig Ihre stille Herzenskammer, ob Ihr Kind nicht vielleicht doch ein »Prestigekind« ist und vorgezeigt werden soll. Ganz vorsichtig.

Übrigens, nichts gegen einen gesunden, natürlichen Stolz auf das Ergebnis Ihrer Liebe. Es wäre schade und schädlich, wenn er fehlen würde – aber es soll ein überlegener, selbstsicherer Stolz sein, der die angeblich verlangsamte Entwicklung nicht dem Kinde übelnimmt.

Wenn Ihr Kind nun läuft und nicht im Laufstall festgebunden und zurückgehal-

Wenn ein Kind laufen gelernt hat, kann es seinen Wünschen viel stärker und vielgestaltiger Ausdruck verleihen.

ten wird, dann kommt die Zeit, wo Sie alle Schränke abschließen und die Schlüssel, wie auch alle Nippes, die Ihre Wohnung wohnlich machten, undekorativ auf hohe Wandborde verlagern. Wo Sie die unteren Schubladen ausräumen – zumindest was wertvoll und zerbrechlich ist – und wo Sie ständig über Ihren Papierkorb und seinen Inhalt stolpern. Ertragen Sie das, wenigstens solange das Kind wach und munter ist. Es bleibt mittags und abends oder wenn es schläft noch genug Zeit übrig, wo Sie Ihre Wohnung für sich und so, wie Sie's haben wollen, haben können. So, wie Sie dem Kind hier und jetzt Wohnrecht und Bewegungsfreiheit einräumen, so wird es später Wohnrecht und Bewegungsfreiheit in der Welt beanspruchen. Es gibt Bereiche, die verboten werden müssen – um des Kindes willen –, der heiße Ofen, die Fensterbrüstung, die Nähe der steilen Treppe (zunächst wenigstens). Alles andere ist frei. Die Bequemlichkeit der Erwachsenen ist allein noch kein triftiger Grund für ein Verbot – bis in weite Grenzen hinaus. Aber wenn Sie gerne möchten, daß Ihr Sohn später nur dort hineingeht, wo »Eingang« steht und den Rasen nicht betritt, wenn nicht ausdrücklich dransteht: »Betreten erlaubt«, dann halten Sie ihn möglichst lange im kleinen Ställchen. Zum Trotz sind es dann allerdings oft gerade die Kinder, die später auf den Rasen treten, wenn davor steht: »Betreten verboten« und die partout da hineingehen, wo steht: »Eintritt streng verboten.« Für andere, ohne Stall, ist das dann kein Problem. Aber es geht noch weiter: Wenn Ihr Sohn einmal als Beamter für die Städtischen Anlagen verantwortlich sein wird, dann kann es entweder sein, daß er überall Verbotsschilder aufstellen läßt, so wie er es selbst erlebt hat, als er die erste Küchenschublade ausräumen wollte. Es könnte aber auch sein, daß er sagt: In unserer Stadt darf man auch auf dem Rasen liegen, wenn man

Nichts gegen einen gesunden, natürlichen Stolz auf das Ergebnis Ihrer Liebe.

will, weil er als Kind beim Ausräumen nicht auf die Finger bekam. Wählen Sie!

Im zweiten Lebensjahr, auch noch im dritten, kann es vorkommen, daß Ihr Kind mitten in der Nacht aufwacht und weint. Manchmal läßt es sich dann nur schwer wieder beruhigen. Ihm wird erstmals im Bewußtsein klar, daß es allein ist, und es bekommt es mit der Angst zu tun, ob die Eltern noch existieren. Denn das Gute-Nacht-Sagen ist schon lange her. Wenn es nicht gleich wieder einschläft, nachdem Sie ihm Ihre Existenz gezeigt haben, dann nehmen Sie es ruhig zu sich ins Bett. Es ist wie beim Stillen in den ersten Lebenswochen. Die Familienruhe ist am schnellsten gesichert, wenn Sohn oder Tochter bei Ihnen weiterschlafen darf, wobei es egal ist, ob bei Ihnen, lieber Leser, oder bei Ihnen, liebe Leserin. Sie brauchen keine Angst zu haben, es gibt kein sexuelles Trauma und später deswegen keine Homosexualität, auch kein unnötiges Verzärteln.

Aber das gewöhnt es sich doch an, sagen Sie? Und wenn schon! Spätestens bis zum Ende der Schulpflicht hört es von selbst damit auf, meist schon nach wenigen Wochen. Nur erdrücken dürfen sie Ihr Kind nicht im Bett.

Damit Sie aber nicht jedes Mal zum Bett heraus müssen, um das Kind zu holen, empfiehlt sich für das Kind schon im zweiten Lebensjahr ein großes Bett ohne Gitter – wenn Sie Platz haben, es aufzustellen. Kinder schlafen viel besser in großen Betten als in kleinen, und es spart Ihnen die unnötige Anschaffung der Zwischengröße. Außerdem, und das ist wichtig dabei, kann das Kind aus einem großen Bett jederzeit, wann es will, ohne Akrobatik heraussteigen und auch hinein. Auch einmal ohne zu fragen, am Tage, wenn es müde ist.

DIE SAUBERKEIT

Der beste Weg zur harmonischen Sauberkeitsgewöhnung sind weiche, saugfähige Papierwindeln und eine vollautomatische Waschmaschine. Sie sehen, lieber Vater, die Sauberkeitsgewöhnung ist zumeist Ihr Problem, denn Sie müssen das Geld verdienen. Nein, es geht auch ohne großen Geldbeutel. Aber das Wichtigste ist, daß es der Mutter vollkommen gleichgültig ist, wann ihr Kind nicht mehr in die Hose oder ins Bett macht. Spätestens mit drei Jahren ist das gesunde Kind von selbst sauber, meist schon viel früher. Das läßt sich natürlich auch erzwingen. Es gibt tüchtige Hausfrauen, die schwören, daß ihr Kind mit einem Jahr schon ganz stubenrein war. Wenn das kein

Meineid war, dann war es so, daß sie ihr Kind nachts dreimal weckten, morgens aus dem Bett nahmen, auf den Topf setzten und es an den Tischfuß banden bis zum Abend. Das ist keine böswillige Erfindung von mir. So kann man es auch machen und hat so weniger Wäsche, aber... Ihr Sohn wird dann einmal, wenn er Untergebene haben wird, auch alles aus ihnen herauspressen, und Ihre Tochter wird einmal entweder eine Schlampe oder putzsüchtig und geizig obendrein, weil sie niemals freiwillig etwas hergibt.

Zunächst: Für ein Kind ist weder das Wässerchen noch das Häufchen etwas Unsauberes oder gar Unanständiges. Warum auch? Die eigenen Exkremente findet man ja selbst auch nicht so übelriechend wie die fremden. Außerdem ist es zunächst das einzig »Selbstgemachte«, das ein Kind hergeben und schenken kann, und das tut es auch. Deswegen ist die erste Portion im Töpfchen Anlaß zu einem Familienfest mit dem Kind als Hauptper-

Das Wichtigste ist, daß es der Mutter vollkommen gleichgültig ist, wann ihr Kind nicht mehr in die Hose macht.

son, und das Produkt, ob groß oder klein, bedarf allgemeiner Bewunderung und nicht schamhaften Verbergens unter der Rockschürze mit gerümpfter Nase. Wenn Sie etwas verschenken, möchten Sie auch, daß der andere es wertschätzt und nicht die Nase rümpft, sonst schenken Sie ihm nie mehr etwas. Und das Kind geht später gern zu passenderen Geschenken über, wenn es welche hat, und diese Toilettenangelegenheit wird zur selbstverständlichen Nebensache, ganz von allein. Aber inzwischen hat Ihr Kind gelernt, wie schön es ist zu schenken und Freude zu bereiten. Nur Knicker und Geizhälse haben Verstopfung. Deswegen darf man diese ersten kindlichen Produkte auch mit familieneigenen, aber positiven oder wenigstens beschreibenden wertfreien Bezeichnungen versehen, als Sprachschöpfungen der Familie zeitlebens brauchbar und vererbbar. Die Erfindung der Worte kann man den Kindern selbst überlassen, wobei sich im allgemeinen ihre Originalität und sprachliche Ausdruckskraft kundtut.

Manche Kinder machen später, nachdem sie schon sauber waren, wieder naß. Das hat immer einen Grund. Manchmal einen harmlosen, das Kind ist vielleicht übermüdet gewesen oder hat sich erkältet. Manchmal einen ernsteren: Es hat Kummer, ist eifersüchtig oder hat Angst. Der Grund liegt aber nie in der Verantwortung des Kindes, denn das Kind tut es nicht aus Bosheit. Pure Bosheit gibt es nicht, hat einmal ein berühmter Psychiater gesagt.

Ganz selten kann das Einkoten, wie wir Mediziner es nennen, bei einem größeren Kind doch mit Absicht – also aus Bosheit – geschehen, aber dann ist es schlimm bestellt mit dem Verhältnis zu seinen Eltern. Es müssen schon viele Scherben entstanden sein, wenn es nicht mehr anders sein Aufbegehren zeigen kann. Dann geben Sie besser das Erziehen auf und gehen zum Jugendpsychiater, klein und reumütig. Und Sie werden sehen, wenn Sie klein und reumütig sind, wird Ihr Kind nicht mehr – aus »Bosheit« – in die Hose machen. Und wenn Sie dann noch einmal von vorne anfangen und jede volle Hose als Liebesgabe annehmen können – zugegeben, viel verlangt –, dann kann noch einmal alles wieder gut werden. Aber nur dann.

DIE SPRACHE

Wenn Ihr Kind anfängt zu sprechen, ist es meist sehr drollig und eine Belustigung für Familie und Nachbarschaft. Plötzlich reden alle Erwachsenen um das Kind herum wie das Kind. Das klingt zwar – für Außenstehende – läppisch, ist aber verständlich und bis zu einem gewissen Grade liebenswert. Jenseits dieses Grades ist es aber nicht nur blöde, sondern sogar schädlich, aus zwei Gründen:

Erstens lernt Ihr Kind ja von Ihrem Sprechen, und wenn Sie Babysprache sprechen, wird es bei der Babysprache bleiben. Zweitens zeigt sich, daß Sie Ihr Kind zwar lieben, aber nicht für voll nehmen und nicht an Ihrem Leben – ausgedrückt in Ihrer Sprache – teilnehmen lassen wollen. Und beides kann verhängnisvoll sein, das zweite noch mehr als das erste.

Deswegen brauchen Sie noch lange nicht im Gespräch mit dem Kind jedesmal in gespreiztes Schriftdeutsch zu verfallen und sich eine Gouvernantenseele anzueignen.

Später kann es sein, daß Ihr Kind zu stottern beginnt. Das ist keine Bequemlichkeit des Kindes, das sich nicht »zusammennimmt« und richtig spricht, wie es gelernt hat. Manchmal geht es schnell vorbei, ganz von allein. Manchmal nicht. In jedem Fall ist es gut, wenn Sie dann viel mit Ihrem Kinde – richtig – sprechen, mit ihm singen und Verse aufsagen, wie im Spiel, aber ihm nie das Stottern mit erhobenem Zeigefinger mahnend vorhalten und es zurechtweisen, sondern nur mit Geduld und Liebe.

Und der Erzeuger überlege sich einmal im stillen Kämmerlein, ob er nicht vielleicht ein etwas strenger, etwas viel Verbote erlassender, oder ein dem lieben Gott etwas ähnelnder, unfehlbarer Vater sei. Ein klein wenig? Dann lege er sich ein paar Fehler zu und zeige diese seinem stotternden Kinde.

DAS DAUMEN-LUTSCHEN

Was Sie jetzt lesen, zeigen Sie bitte nicht Ihrem Zahnarzt, denn sonst gibt's Streit. Ich meine nämlich, Daumenlutschen ist etwas Natürliches, etwas Schönes und Unschädliches. Das letztere gilt wohl nur bis zu einer gewissen Grenze, aber über die kann man streiten. Bei uns ist manches durch »die Sitte« verpönt, was eigentlich schön und natürlich ist. Auch die Affenkinder lutschen Daumen, und schon der Neandertaler hat sicher daumengelutscht. Wozu hätte man den Daumen sonst? Er ist immer zur Hand und tröstet so gut. Und wer bedürfte nicht manchmal des Trostes, auch als Kind. Es kann sich ja keine Zigarette anstecken oder Pralinen naschen. Das kommt später, und Schnuller sind abscheulich.

*Daumenlutschen ist etwas Natürliches,
etwas Schönes und Unschädliches.*

Also Daumenlutschen. Aber wo ist die Grenze? Wenn ein Kind lutscht, braucht es Trost und Schutz vor Unbill und Mißbehagen. Meist ist das bald vorbei, und das Lutschen ist nicht mehr nötig. Wenn ein Kind sehr viel lutscht, dann fühlt es sich offenbar viel und häufig unbehaglich. Also müssen wir das ändern. Oder es ist besonders trost- und liebebedürftig. Also müssen wir ihm mehr Trost und Liebe zukommen lassen.

Man kann natürlich auch die Hände zubinden, den Daumen mit Chinin einpinseln oder wie der Schneider mit der Schere abschneiden. Aber dann nehmen Unbill und Mißbehagen beim Kind nur zu, und es hat keinen Daumen mehr, um sich zu trösten – nur die Sehnsucht danach. Davon bleibt schließlich die Sucht. Das werden später Kettenraucher und Säufer.

DAS TROTZ-ALTER

So etwa mit zwei oder drei Jahren kommt die Zeit, in der Ihr Kind mit Vorliebe »nein« sagt, einfach so aus Freude am Widerspruch. Es will seine Charakterstärke üben oder seinen Dickkopf, wie man will. Es will versuchen, wie weit die Welt ihm folgt und wo sie ihm widersteht.

Sie können bei dieser Gelegenheit natürlich gleich ein für alle Male zeigen, wer Herr im Hause ist, und jeden Dickkopf mit Rumpf und Stumpf ausrotten. Dann haben Sie Ruhe und Ihre Autorität gewahrt, wenigstens nach außen.

Ihr Herr Sohn wird in Zukunft parieren solange Sie da sind, wird Ihnen folgen, wenn Sie ihm genau sagen, was er tun soll, aber auch nur so weit. Und wenn er selbst erwachsen sein wird, wird er immer genau Befehle ausführen können, nicht weil er sie sinnvoll findet, sondern weil es für ihn weniger Schwierigkeiten bringt. Er wird ein guter subalterner Mensch, der allerdings seine Untergebenen, wenn er welche bekommt, schindet und maßregelt und der bereit ist, tapfer zu streiten gegen alles, nur nicht gegen die Obrigkeit, ganz egal welcher Art. Er hat Respekt vor Ihnen, Angst wäre die bessere Bezeichnung, aber Angst bewirkt Angriffslust – gegen Schwächere.

Oft will der kleine Sünder seine Untat von sich abwälzen und schiebt einen Sündenbock vor, einen Jungen oder ein Mädchen, das es gar nicht gibt, das aber an allem schuld ist. Ein Phantasieteufel, der schrecklich böse Dinge tut und entsetzlich bestraft werden muß. Erkennen Sie diesen Bösewicht als Alleinschuldigen ruhig an und stimmen Sie zu, daß ihr Kind das Böse gar nicht tat und gar nicht wollte. Wir Erwachsenen gehen ja auch nicht zu unserem Chef und sagen: Das habe ich falsch gemacht. Wir sagen, es war der Föhn, die Aufregung daheim oder der unfähige Mitarbeiter, der's getan hat.

Wirklich selbst erkennen, wie schwach und unvollkommen man ist, es womöglich noch vor anderen zugeben, denen man gefallen möchte, das ist sehr schwer, und viele können's nie. Verlangen wir also vom Kinde nicht mehr, als wir selbst zu tun bereit sind.

Wenn man aber, und das gilt besonders für die Mutter, in dieser Zeit sich gar nicht traut, dem Kinde etwas zu verbieten oder abzuschlagen, auch wo es nötig wäre, dann sollte man sich einmal besinnen, warum man ein schlechtes Gewissen gegenüber dem Kinde hat. Vielleicht, weil man es seinerzeit eigentlich gar nicht haben wollte, weil es un- oder fehlgeplant war?

Das gleiche dürfen Sie sich übrigens fragen, wenn Sie dauernd befürchten, Ihrem Kind könne etwas passieren, es könne vom Dreirad fallen, an der Treppe stürzen, sich erkälten oder Verstopfung kriegen. Diese Angst ist oft nur vorhanden, weil man sich tief im Herzen über das Kind ärgert und man nun von abergläubischer Furcht erfüllt ist, die böse Fee könnte den ebenso uneingestandenen wie entsetzlichen Wunsch nach Beseitigung des Kindes erfüllen.

Das kommt oft vor und ist nicht so schlimm, wie es sich liest. Nur sollte man darüber nachdenken!

Doch wieder zurück zur Trotzphase. Sie können es also so oder so machen. Ein Mittelweg ist das Beste nach dem Motto: Einmal du, einmal ich, einmal ein Kompromiß. Ein Kompromiß ist fast immer gut, auch später.

DIE STRAFE

Es ist jetzt Zeit, einmal über die Strafe zu sprechen. Eine Strafe als aktive Handlung und Anordnung, meine ich, ist nicht nötig. Ein Kind, das seine Eltern lieb hat, ist schon gestraft, wenn es sieht, daß es Vater oder Mutter traurig gemacht hat. Das reicht und wirkt auch weiter. Eine Strafe hat nicht nur gewirkt, wenn das Kind schreit und Besserung verspricht, dann eigentlich am allerwenigsten. Die Wut kommt beim Kinde nach, es fühlt sich gedemütigt, und alles ist schlechter als zuvor. Auch wenn das Kind scheinbar ungestraft und als Sieger vom Platze geht, wenn es merkt, Vater oder Mutter sind betrübt, wird es keine Freude am scheinbaren Sieg haben und selbst einlenken, und zwar nachhaltiger. Also warten können, wenn das Kind die Eltern liebt.

Übrigens, nichts gegen die herzhafte, voll empfundene Ohrfeige, getragen vom ehrlichen Zorn und Ärger. Die tut gut, dem der sie austeilt. Sie entlastet und entspannt. Man darf nur nicht meinen, es habe etwas mit Erziehung zu tun. Deswegen ist der sich unmittelbar anschließende Kuß oder das verschämte – wer schämt sich vor wem? – Streicheln übers Haar keine erzieherische Inkonsequenz, sondern ehrliche und daher notwendige Wiedergutmachung.

Die eigentliche Strafe, die wohlüberlegte körperliche oder seelische Züchtigung dagegen ist mittelalterlich und das Böse schlechthin. Es ist die Rache und das Abstrafen eigener böser Tendenzen in Stellvertretung bei anderen, beim eigenen Kind. Dieses Böse kann man noch verfolgen bis ins Erwachsenenalter hinein. Zum Beispiel bei den Zuhörern von Gerichtsverhandlungen. Solange wir noch die Körperstrafe überhaupt als legitimes Erziehungsmittel ansehen, dürfen wir uns nicht moralisch über die Kindsmißhandler erheben. Der Unterschied ist fließend. Es gibt Völker, bei denen die körperliche Züchtigung eines Kindes undenkbar ist, und diese Völker leben in guter Ordnung.

Man kann in der Familie durchaus Strafen aussetzen, aber etwa wie im Sport. Wer vergißt, die Straßenschuhe auf dem Flur mit den Hausschuhen zu vertauschen und Dreck in die Stube trägt, bekommt keinen Nachtisch. Dann müssen allerdings auch Sie auf die Süßspeise verzichten, denn Ihr Straßendreck macht die gleiche unnötige Arbeit wie der der Kinder, und darum ging es ja wohl bei der Einführung der Strafe. Es macht immer einen guten Eindruck, wenn der Gesetzgeber sich seinen Gesetzen auch selbst unterwirft.

DER STREIT DER GESCHWISTER

Ich sagte im ersten Kapitel, der Geschwisterneid sei eher geringer bei kleinem Altersunterschied als bei großem. Aber eine gewisse Rivalität gibt es stets, sie ist eine normale Reaktion und gehört zum Leben in der Familie.

Wenn nun ein kleiner Rivale im Anzug ist, so sollte man den schon unter der Sonne weilenden Sprößling auch darauf vorbereiten, schon wegen der sexuellen Aufklärung, doch davon später. Dann sollte die Mutter, wenn es so weit ist, sich ganz besonders Zeit nehmen für den nun nicht mehr so interessanten Erstgeborenen, und der Vater könnte dabei viel helfen. Denn es ist tatsächlich gar nicht leicht, nun plötzlich nicht mehr Familienmittelpunkt zu sein. Wenn das Ältere sich dann besonders liebreizend um das Neugeborene kümmert, ist das stets ein Zeichen, daß es sich darüber ärgert. Aber es weiß schließlich auch, was von ihm erwartet wird.

Später gibt es dann die Probleme, *wem* man *was* schenken könnte. Bis zu einem gewissen Alter *müssen* Sie allen das gleiche schenken, von einem gewissen Alter ab *dürfen* Sie *nie* mehr allen das gleiche schenken. Mit etwa zwölf bis vierzehn Jahren finden die Kinder ihre Spezialinteressen, die dann auch von den anderen respektiert werden. So lange aber gibt es immer Spannungen, und Sie können nur versuchen, immer wieder auszugleichen. Gelingen wird es Ihnen nie. Aber so ist es ja auch später auf der Welt.

Die Ältesten haben es am schwersten. Erstens haben die Eltern das Erziehen noch nicht gelernt, das heißt, sie haben noch zu viel Zeit und gute Vorsätze und haben noch nicht gelernt, nichts zu tun. So wird am Ältesten stets herumerzogen. Zweitens ist er der Große, ohne besondere Rechte aber mit viel besonderen Pflichten: Er muß vernünftig sein, muß Vorbild sein, muß aufpassen und Rücksicht nehmen. Was der Älteste mit sechs Jahren tun mußte, braucht der Jüngste mit sechs Jahren noch lange nicht zu tun, obwohl der Jüngste es ja viel leichter hat. Er braucht ja nur nachzumachen, was die Großen tun, und macht es auch nach. Es ist erstaunlich, daß die Ältesten trotzdem oft recht brauchbare Menschen werden.

Übrigens, wenn Sie Platz haben, ist es mit vielen Kindern weniger schwierig. Die Hälfte aller Erziehungsprobleme verschwindet, wenn Sie den Kindern vom Schulalter ab jedem sein eigenes, noch so kleines Zimmer geben können. Ja, wenn. Aber ein kleiner Schrank mit Schlüssel sollte es auf jeden Fall sein, schon vor der Schulzeit. Platz sollte man haben, als Kind und später auch. Dann wäre so vieles kein Problem.

DER SOGENANNTE OEDIPUS-KOMPLEX

Haben Sie keine Angst vor ihm, er hat nichts mit Unsittlichkeit und Vatermord zu tun. Er ist etwas ganz Normales. Die Psychoanalyse hat ihn nur erfunden, um auszudrücken, daß ein Sohn wie der Vater, eine Tochter wie die Mutter wird, aber Junge und Mädchen mit beiden Eltern auskommen müssen. Oedipus hat einst bei den alten Griechen seinen Vater umgebracht und seine Mutter geheiratet, er hat es aber in diesem Augenblick nicht gewußt und erst später gemerkt. Im übrigen war er von seinen Eltern ausgesetzt worden und offensichtlich fehlgeplant.

So mit vier oder fünf Jahren muß das Kind merken, daß ein Unterschied ist zwischen Vater und Mutter und daß es, wenn es ein Junge ist, in dieser Hinsicht mehr dem Vater gleicht, wenn es ein Mädchen ist, mehr der Mutter. Das ist das eine. Daher besteht in diesem Alter ein besonderes Interesse für eben diesen Unterschied bei sich und bei den anderen, und wenn Sie bisher keinen Wert darauf gelegt haben, ihr Badezimmer stets abzuschließen, sondern die ganze Familie sich dort froh zum Waschen versammelte, wie nachher beim Frühstück, nämlich mehr zufällig – dann ist das für Ihr Kind schon lange kein Problem mehr.

Wenn die Kinder dabei in dieser Zeit und später noch, allein für sich oder auch sonst, mit dem Körperteil besonders gerne spielen, der sie vor dem anderen Geschlechte auszeichnet, so ist das kein Grund, in ihnen einen heranwachsenden Sittlichkeitsverbrecher oder eine leichtsinnige Dame zu vermuten. Von diesem Spiel gilt das, was ich zum Daumenlutschen sagte, genauso. Diesmal hat nicht

So mit vier oder fünf Jahren muß das Kind merken, daß ein Unterschied ist zwischen Vater und Mutter.

einmal der Zahnarzt etwas dagegen. Also lesen wir dort noch einmal nach.

Das andere ist jedoch, daß bis dahin für das Kind einfach nur die Mutter vorhanden, zumindest wichtig war. Nun braucht das Kind beide, Vater und Mutter. Denn wenn der Junge merkt, er ist wie der Vater und nicht wie die Mutter, dann will er auch wie der Vater sein, und dazu gehört als Partner die Mutter. Und um die wird er sich nun mit dem Vater streiten. Und das Mädchen will werden wie die Mutter und braucht dazu den Vater und wird mit ihm schmusen, wie sie es – hoffentlich – bei der Mutter gesehen hat.

Vor allem für die Jungen wird der Vater unentbehrlich, weil sie jetzt ein Vorbild brauchen, das sie lieben und nachahmen können. Sie sollen sagen: Ich will so werden wie der.

In diesem Alter möchte darum Ihre Tochter auch gerne der Mutter helfen und genau das tun, was Sie auch tun, nämlich saubermachen, kehren, spülen und kochen, nicht bloß unnütze Sachen spielen. Ich würde vorschlagen, versuchen Sie's doch einmal, und lassen Sie die Tochter das Geschirr wegräumen oder abtrocknen. Es geht natürlich langsamer, als wenn Sie es selbst machen, und es geht auch manchmal ein Teller dabei kaputt. Aber das lohnt sich vielleicht doch aufs Ganze gesehen. Bloß mit dieser Hilfe rechnen dürfen Sie noch nicht, wenn sie kommt, ist's gut, wenn nicht, ist's auch gut.

Auch der Sohn will dem Vater nicht nachstehen, will autowaschen und hämmern. Es geht oft etwas daneben und stört zweifellos auch. Aber was ist wichtiger: Daß der Sohn seinem Vorbild nachstreben kann oder daß der Wagen makellos glänzt? Dabei kommt für Sie allmählich das Problem: Muß der Vater immer recht haben? Ja, hat er denn immer recht? Nein, sicher nicht. Dann soll er auch nicht so tun. Väter, die auch einmal was Falsches machen, sind viel sympathischer, weil es

Der Sohn will dem Vater nicht nachstehen.

dem Kind eher möglich erscheint, auch so zu werden wie der Vater. Er ist dann nicht so unerreichbar wie ein Gott.

Es gab vor einigen Jahrzehnten eine Zeit, da hatte der Vater prinzipiell immer recht, der Vater und der Kaiser. Das lernte man daheim und in der Schule. Später war es dann nicht weit zu der Erkenntnis: der Führer hat immer recht oder die Partei, und man brauchte selbst gar nichts mehr zu denken. Das ging dann eine Zeitlang so, aber nur eine Zeitlang.

Also, vielleicht ist es doch besser, wenn der Vater nicht immer recht hat und man frühzeitig lernt, daß man selbst immer noch was denken muß. Der Vater bemüht sich zwar immer, alles richtig zu sagen und zu machen, aber die Wahrheit, das Recht und die Weltordnung sind stärker als der Vater. Dieser Erkenntnis beugt sich auch der starke Vater.

Es stärkt die Autorität, einen Fehler einzugestehen. Überhaupt Autorität! Wer Angst um sie hat, der hat schon keine mehr. Denn wirken tut nur die echte, die äußerlich oft gar nicht sichtbar wird.

Es ist also keine Frage der Autorität, sondern des Kontakts.

Was der ganze Oedipus eigentlich bedeutet, ist folgendes: Das Kind lernt, mit zwei Personen zurechtzukommen, die es beide liebt und die sich gegenseitig lieben. Es kann keinen für sich allein mit Beschlag belegen, sondern muß mit dem anderen teilen. Dabei dürfen die Eltern ruhig den Vortritt haben und brauchen sich weder vom Sohn noch von der Tochter einander ausspannen zu lassen. Es kommt darauf an, Sohn und Tochter mit hereinzunehmen in das neue Dreieck. Davon kann es abhängen, ob Ihre Kinder einmal gute oder schlechte Eheleute werden, ob sie mit ihren Mitmenschen zurechtkommen in einer Welt, in der man eben nicht zu zweit allein ist.

DIE SCHULE

Wenn Ihr Kind in die Schule kommt, dann bedeutet dies, daß außer den Eltern noch jemand drittes immer recht hat: der Lehrer oder die Lehrerin. Das kann manchmal schwierig sein, und Sie erleichtern die Schule Ihrem Kinde nicht, wenn Sie ihm sagen, daß Sie – in Erinnerung an Ihre eigene Schulzeit – seinen Lehrer für einen Trottel und die Lehrerin für eine Schreckschraube halten. Zumindest hilft das in den ersten sechs bis acht Jahren nichts, später dann zuweilen schon. Auch muß es nicht immer am Lehrer liegen, wenn Ihr Sohn oder Ihre Tochter nicht in allen Fächern glänzt. Falls sie bei mehreren Lehrern versagen, ist es nach statistischer Wahrscheinlichkeit vielleicht eher so, daß sie nicht so begabt sind, wie Sie hofften. Vielleicht ist Ihr

Kind nur so erfolgreich, wie Sie es einst in der Schule waren. Möglicherweise haben Sie Ihr Zeugnisheft noch, dann schauen Sie einmal nach. Im übrigen, auch einmal einen schlechten Lehrer zu haben, entspricht den Belastungen und Fährnissen des Lebens, mit denen man fertig werden sollte.

Sie sollten auch nicht vergessen, daß es außer der Schule und den Schulnoten noch andere wichtigere Dinge auf der Welt zwischen Ihnen und Ihrem Kinde gibt. Jedenfalls sollte Ihr Sohn oder Ihre Tochter nicht das Gefühl haben, wenn sie eine fünf schrieben, gingen sie Ihrer Liebe verlustig. Als ob das was miteinander zu tun hätte. Leider hat es tatsächlich heutzutage in vielen Familien etwas miteinander zu tun. Man verlangt von den Kindern, daß sie durch Offenlegung ihres Versagens, möglichst durch Unterschrift – denken Sie noch an die Ausreden der Erwachsenen in ähnlichen Situationen – die Eltern in tiefes Leid stürzen. Die

Mutter weint und der Vater spricht acht Tage nicht mehr mit dem Sohn, der ihn blamiert hat. Als ob Papa nie eine fünf geschrieben hätte! Wenn Sie wollen, daß Ihr Kind Sie beschwindelt, Unterschriften fälscht oder von der Schule gar nicht mehr nach Hause kommt, dann brauchen Sie nur ähnlich zu verfahren.

Dabei hat der Sohn, entgegen landläufiger Meinung, die fünf gar nicht mit Absicht geschrieben, um seine Eltern zu ärgern. Er hätte ganz gern eine bessere Note heimgebracht, auch wenn er manchmal so leichtfertig daherredet, daß man fast meinen könnte, es sei ihm egal. Aber es ist ihm halt danebengegangen.

Sie können auch, wie ein Vater, den ich kannte, Ihrem Kind für eine eins eine Mark, für eine zwei fünfzig Pfennige, für eine drei gar nichts geben und ihn für eine vier fünfzig Pfennige und für eine fünf eine Mark bezahlen lassen. Das ist für den Vater meist ein sparsames Verfahren, vor allem, weil er die Währung bestimmt. Dann ist die Schulleistung zur Handelsware geworden.

Man kann aber zum Beispiel auch den Kindern eine Schokoladentafel schenken, wenn sie eine fünf oder sechs heimbringen, zum Trost. Den haben sie nämlich nötig.

Aber wenn er doch faul ist! Ich habe noch keine faulen Kinder gesehen, nur interesselose. Haben Sie für alles, was es gibt, Interesse? Für Mathematik und Singen, für Religion und Chemie, für Englisch und Zeichnen? Und Interesse wekken, das kann nicht jeder Lehrer. Also, was Sie tun können, ist, zu versuchen, daß Ihr Kind sich Ihnen zuliebe Mühe gibt, um Ihnen eine Freude zu machen. Wenn derjenige, dem zuliebe man sich anstrengt, nicht mehr so leibhaftig ist wie die Eltern oder der Lehrer, dann nennt man das Pflichtbewußtsein. Aber das kommt später.

Sollte Ihr Sohn aber im Betragen eine fünf haben und sollten Sie das gar nicht verstehen können, weil er zu Hause ja ganz brav ist und aufs Wort pariert, dann meint er eigentlich Sie, wenn er die Lehrer ärgert. Dann überdenken Sie einmal, ob Sie ihm im Familienverein nicht ein wenig zu sehr die Luft abgedreht haben und er deswegen um so mehr in der Schule luftholen muß. Vielleicht hat er nur deswegen im Betragen eine fünf, weil er daheim aufs Wort pariert. Wenn er zu Hause einmal mit den Türen schmeißen dürfte, hätte er es in der Schule nicht nötig. Wenn Sie's aber nicht stört, können Sie alles ruhig so lassen, wie es ist.

DAS TASCHEN-GELD

Das Taschengeld Ihrer Kinder können Sie knapp bemessen, wenn Sie ihnen alle kleinen Notwendigkeiten wie Schulhefte, Friseur und gelegentliches Kino selbst zahlen. Sie können ihnen mehr geben und sie das alles selber zahlen lassen und können ihnen viel Geld geben, wenn Sie viel haben und damit einverstanden sind, daß Ihre Kinder auch die kleinen Unnotwendigkeiten ihrer Freunde zahlen und mit Ihrem Geld angeben.

Das hängt alles vom Stil ab, mit dem Sie selbst mit dem Geld umgehen, sparsam bis geizig, großzügig bis verschwenderisch, oder haushälterisch bis zwanghaft. Wenn bei Ihnen das Geldhaben, Geldausgeben oder Nichtausgeben furchtbar wichtig ist, dann wird dies Ihren Kindern auch wichtig sein. Ich für meinen Teil meine, die Kinder sollten das Gefühl haben, daß es Wichtigeres gibt. Das ist schwer, wenn das Geld fehlt, denn dann ist es tatsächlich nicht ganz unwichtig. Es ist auch sehr schwer, wenn viel Geld da ist. Das hat eben das Geld so an sich. Ihre Kinder sollten aber auch nicht das Gefühl haben, das Geld sei dem Vater einfach in den Schoß gefallen, es sei denn, er hätte es tatsächlich unverdient verdient oder im Lotto gewonnen.

Das Taschengeld, viel, wenig oder ganz wenig, sollte aber erstens regelmäßig und zweitens ohne Bedingung gegeben werden. Wenn Ihr Kind nicht damit rechnen kann, kann es nicht einteilen lernen, und wenn es ihm bei mangelndem Wohlverhalten gestrichen wird, auch nicht. Oder was würden Sie sagen, wenn Ihr Chef Ihnen das Gehalt kürzt, nur weil er einmal mit Ihrer Arbeit nicht zufrieden war? Und noch eins: Was Ihr Kind mit seinem

Geld macht, geht die Eltern nichts an. Wenn die Kinder damit Unfug anstellen, haben sie zuviel, wie die Erwachsenen auch. Ein 20-Pfennig-Eis ist aber noch kein Unfug. Zwangssparen macht keinen Spaß, den Erwachsenen ja auch nicht, und unter »schlechten Zeiten« können sich Kinder in guten Zeiten nichts vorstellen, genau wie die Erwachsenen.

Es kommt aber noch etwas dazu: Wenn die Freunde Ihrer Kinder alle viel Geld haben und damit angeben, dann sollte Ihr Kind am besten die Freunde wechseln – wenn das geht – oder es sollte auch ein bißchen mehr Geld haben. Zum Außenseiter kann man seine Kinder nur erziehen, wenn sie selbst damit einverstanden sind und sie ihre Freunde nicht brauchen. Aber vielleicht reden Sie einmal mit den Eltern der Freunde Ihrer Kinder – wenn das geht. Solidarität ist unter Jugendlichen besser entwickelt als unter Erwachsenen.

DIE SEXUELLE AUFKLÄRUNG

Darüber wird viel gesprochen und allseits betont, wie wichtig sie sei. Dabei ist sie nur so interessant, weil damit zur moralischen Pflicht gemacht wird, über ein Tabu zu reden. Es sei so besonders wichtig, zu vermeiden, daß das Kind »auf der Straße« aufgeklärt werde. Dabei wurden seit eh und je die meisten Menschen »auf der Straße«, also von Freunden und Freundinnen mit Halbgehörtem und Halbverstandenem, vom Volksbrockhaus und Gesundheitslexikon aufgeklärt. Die meisten nahmen keinen Schaden an ihrer Seele. Auch ist die propagierte Unterrichtung über alle biologischen Probleme des Geschlechtslebens kein Mittel gegen uneheliche Kinder, höchstens dafür. Denn was so interessant berichtet wird, muß man ja auch ausprobieren. Vor allem, wenn man so hört und meint, es gehörte zum guten Ton und zum Erwachsensein, sich darin zu Hause zu fühlen und mitreden zu können.

Dabei kommt es auf die sogenannten biologischen Fakten gar nicht an. Daß ein Kind nicht in der Klinik gekauft wird, sondern in der Mutter wächst, sieht das Kind an seinen jüngeren Geschwistern oder bei der Nachbarsfamilie. Es versteht sich von selbst, daß man dem Kind seine Fragen wahrheitsgemäß beantwortet, wie sie gestellt werden und so viel es davon wissen will. Das ist meist gar nicht so viel, wie die Erwachsenen fürchten. Und später wird es auch begreifen, daß das Kind nicht einfach deswegen im Mutterleib wächst, weil die Eltern einen Ehering anziehen, sondern daß der Vater, von dem es ja die Nase geerbt hat, auch eine Rolle spielt. Das kann aber heute jeder Junge und jedes Mädchen in der Illustrierten

Seit eh und je wurden die meisten Menschen auf der Straße aufgeklärt.

beim Friseur lesen oder im Lexikon. Auch gibt es da gute – aber auch geschmacklose – Bücher zu kaufen.

Das Wichtigste an der Aufklärung ist jedoch gar nicht, wie Samen und Ei zusammenkommen, sondern wie ein Mann und eine Frau miteinander umgehen, wie sie als Vater oder Mutter zueinander sind, vor den Augen ihrer Kinder – und die sehen scharf. Das Vorbild eines guten und liebevollen Miteinanderlebens, mit Zärtlichkeit und Rücksichtnahme, mit Aneinanderdenken und Füreinanderdasein, einander eine Freude machen, trotz täglicher Routine, Betriebsamkeit und Haushaltskram, ist viel entscheidender für die Erkenntnis der Kinder. Das Geschlechtliche fügt sich dann in dieses Bild, das in den Kindern von klein auf wächst, ohne Bruch mit ein, auch wenn das Kind von andern einmal ein unsauberes Detail zu hören bekommt. Das hat dann keinen Platz und geht spurlos vorbei.

Wenn allerdings der Sohn erlebt, wie

der Vater die Mutter schlägt, sie beschimpft oder betrübt, dann leuchtet es ihm nicht ein, daß die Sexualität, der er ja seine Existenz verdankt, etwas mit Liebe zu tun haben könnte.

Darum kann man für die Aufklärung keinen Zeitpunkt angeben. Das wirksame Vorbild entsteht jeden Tag, von klein auf bis die Kinder groß sind.

Sie können natürlich auch die Sexualkunde als Lehrfach in der Schule fordern, dann brauchen Sie Ihrem Kind keine Antwort zu geben. Aber das Ehevorbild, das nimmt Ihnen niemand ab.

Übrigens, gute Ehen sind erblich, die schlechten können es leicht werden.

DIE REIFEZEIT

Wenn Ihre Kinder groß geworden sind, ist es zu spät, noch mit der Erziehung anzufangen. Etwas Neues wächst jetzt nicht mehr nach, jetzt kommt es nur noch auf das Blühen an, und dazu braucht's Geduld und Wärme. Es gibt ein altes orientalisches Sprichwort: Behandle dein Kind die ersten sieben Jahre wie ein Kind, die zweiten sieben Jahre wie einen Knecht und die dritten sieben Jahre wie einen Freund. Ja, und so weit wären wir nun.

Legen Sie nun also alle Herrschaftsgelüste ab und seien Sie ein Freund, ein alter oder älterer Freund und eine Freundin. Wenn Ihre Kinder Sie lieben – aber nur dann –, können Sie als Freund und Freundin alles zu ihnen sagen, was sie wissen sollen, und sie werden es hören und – vielleicht, manchmal erst viel später – auch tun. Der Befehl wirkt gerade umgekehrt, er wird vielleicht noch sofort befolgt, oft provoziert er aber gerade das Gegenteil und wird später ganz bestimmt vergessen.

Das Freund- und Freundinsein ist nicht leicht, denn man hat Angst um seine Kinder, ob sie sich draußen auch zurechtfinden und zurechtkommen, ohne Schaden zu nehmen. Wenn wir ihnen bis dahin das Geleit gegeben haben, sollten wir auch das Vertrauen haben, daß sie es recht machen. Ich habe in den bisherigen Kapiteln immer gesagt, wir sollten uns nicht besser dünken als unsere Kinder. Jetzt heißt es: Wir sollten die Kinder nicht für schlechter halten als wir sind.

Wenn der Sohn unbedingt eine Pfeife rauchen will, wie der Vater es tut, so ist das kein Zeichen von Bösartigkeit, und wenn sich die Tochter mit Mutters Nagellack die Zehen anmalt, so ist das kein Zeichen beginnender Haltlosigkeit, sondern etwas sehr Positives. Sie wollen sein wie ihre Vorbilder. Mehr kann man gar nicht wünschen. Wenn Sie Rauchen und Nagellack allerdings noch für unpassend und ungesund halten, müssen Sie geschickt argumentieren und Verständnis haben. Oft hilft ein Kompromiß: Der Sohn darf Vaters Pfeife anrauchen und verwalten, die Tochter einmal – etwa in den Ferien – sich die Nägel pinseln. Warum nicht?

Es schadete vielleicht auch gar nichts, wenn Sie als Vater Ihre Tochter gelegentlich einmal fragten, welche Krawatte Sie am besten tragen sollten, und Ihren Sohn, wie man wohl am besten den Hasenstall konstruiere oder am Auto den Reifen wechsle. Sie können ihm ruhig auch ein Wesentliches der Ausführung überlassen, auch wenn diese nicht ganz so tadelsfrei erfolgen wird, wie Sie selbst das ganz ohne allen Zweifel gemacht haben würden. Seien Sie übrigens froh, wenn Ihr Sohn sich Spezialkenntnisse aneignet auf einem Gebiet, auf dem Sie nichts verstehen, und geben Sie dies dann auch zu.

Solange Sie mitmachen, teilnehmen, sich interessieren, werden Ihre Kinder Sie mitmachen und teilnehmen lassen, bis zu einer gewissen Grenze. Die ist zu respektieren und die ist notwendig. Zum Beispiel ist das Tagebuch Ihrer Tochter für Sie und alle anderen absolut tabu. Wie sollen sie denn sonst selbständig werden? Und das wollen Sie doch, oder nicht?

SUMMA SUMMARUM

Damit wären wir schon am Ende. Sie sehen selbst, erziehen kann man nicht, man kann nur so oder anders sein. Die eigene Erziehung, so wie man sie als Kind selbst empfunden hat, war vielleicht nicht die einzig mögliche. Auch unsere Eltern waren nicht frei von Fehlern. Aber wenn man die eigene Kinderzeit in guter Erinnerung hat und mit sich selbst, wenigstens zum Teil, zufrieden ist, dann kann man das auch weitergeben, den veränderten Zeiten angepaßt.

Was man erreichen soll mit seinen Kindern ist

erstens, daß sie einen liebhaben und zweitens, daß sie so werden möchten, wie man selbst ist.

Liebhaben ohne auch-so-werden zu

wollen reicht nicht, da ist dann der Vater der gutmütige Trottel, der nicht ernst genommen wird, und die Mutter die gute alte Frau vom letzten Jahrhundert. Die Kinder werden ihre eigenen Kinder dereinst auch liebhaben, aber sie werden nicht wissen, was sie mit ihnen anfangen sollen und wie Kinder zu behandeln sind. Und auch ihren Mitmenschen werden sie unsicher gegenübertreten.

Nur werden wollen wie die Eltern, ohne sie liebzuhaben, ist auch nichts. Denn dann ist die Furcht oder der Haß das treibende Gefühl, und der Sohn möchte nur endlich auch die Macht und die Tochter die vermeintliche Freiheit haben wie die Eltern, und sie werden dereinst ihre eigenen Kinder und die übrige Welt auch nicht lieben können.

Dabei brauchen Sie nicht das alleinige Vorbild zu sein. Wenn Ihr Sohn sagt, ich möchte so werden wie mein Vater und ein wenig wie Uwe Seeler und Udo Jürgens, wenn die Tochter sagt, ich möchte so werden wie die Mutter, aber etwas mehr in Richtung Caterina Valente und Mireille Mathieu, dann ist das auch noch gut.

Denn man kann seine Kinder nicht besser erziehen, als man selber ist. Wenn sie trotzdem besser werden, dann hat man wenigstens ihre Entwicklung nicht gestört. Und mehr kann man nicht verlangen.

Diogenes Kinder Taschenbücher

DR. HEINRICH HOFFMANN
Der Struwwelpeter
kinder-detebe 1

WILHELM BUSCH
Max und Moritz
kinder-detebe 2

LEWIS CARROLL & JOHN TENNIEL
Die kleine Alice
kinder-detebe 3

MUNRO LEAF & ROBERT LAWSON
Ferdinand der Stier
kinder-detebe 4

JEAN DE BRUNHOFF
Die Geschichte von Babar dem kleinen Elefanten
kinder-detebe 5

MAURICE SENDAK
Hühnersuppe mit Reis
kinder-detebe 6

TOMI UNGERER
Die drei Räuber
kinder-detebe 7

EDWARD GOREY & RHODA LEVINE
Er war da und saß im Garten
kinder-detebe 8

REINER ZIMNIK & HANNE AXMANN
Die Geschichte vom Käuzchen
kinder-detebe 9

LUIS MURSCHETZ
Der Maulwurf Grabowski
kinder-detebe 10

Diogenes Kinderbücher

JEAN DE BRUNHOFF
Die Geschichte von Babar
König Babar
Babar auf Reisen

ARMIN ROMAN BURESCH / INGRID LISSOW
Rhabarber Rhabarber

PHILIPPE FIX
Serafin und seine Wundermaschine
Serafin gegen Serafin
Serafin lesen verboten
Mumps und Tilli

PAUL FLORA / HILDE JANZÁRIK
Die Männchen und die Fräuchen

EDWARD GOREY
Rotkäppchen
Er war da und saß im Garten
Meister Lampe und seine Tricks
Samuel und Emma
Schorschi schrumpft
Rumpelstilzchen

WALTER GRIEDER / HORST KÜNNEMANN
Das große Seeräuberbuch

WERNER HOFMANN / HANS MANZ
Konrad

LUIS MURSCHETZ
Der Hamster Radel
Der Maulwurf Grabowski

BEATRIX POTTER
Die Geschichte von Peter Hase
Die Geschichte von den beiden bösen Mäusen
Die Geschichte von Stoffel Kätzchen
Die Geschichte von Schweinchen Schwapp
Die Geschichte von Herrn Gebissig
Die Geschichte von Bernhard Schnauzbart
Die Geschichte von Eichhörnchen Nussper
Die Geschichte von Emma Ententopf
Die Geschichte von Benjamin Kapindrea

BENJAMIN RABIER
Gideon im Wald
Gideon in Afrika

SEMPÉ / GOSCINNY
Der kleine Nick
Der kleine Nick und seine Bande
Der kleine Nick und die Schule
Der kleine Nick und die Ferien
Der kleine Nick und die Mädchen

MAURICE SENDAK
Wo die wilden Kerle wohnen
Hans und Heinz
Herr Hase und das schöne Geschenk

Higgelti, Piggelti Pop!
In der Nachtküche
Sarahs Zimmer
Was tust du dann?
Was sagst du dann?
Die Minibibliothek

Der Zwerg Nase
Die Geschichte von den sieben kleinen Riesen
Fidel Feldmaus
König Drosselbart
Märchen der Brüder Grimm (Zwei Bände)
Das Schild an Rosis Tür
Ein lieber böser Köter

H. U. STEGER
Reise nach Tripiti
Wenn Kubaki kommt

TOMI UNGERER
Vieles gibt's, das jederzeit
vier Jahre alte Kinder freut
Tomi Ungerer's Märchenbuch
Das Biest des Monsieur Racine
Warwick und die drei Flaschen
Der Bauer und der Esel
Crictor die gute Schlange
Kein Kuß für Mutter
Der Zauberlehrling
Zeraldas Riese
Die drei Räuber
Der Mondmann
Allumette
Der Hut

Papa Schnapp und seine noch-nie-dagewesenen Geschichten

Das große Liederbuch

E. B. WHITE

Wilbur und Charlotte

Klein Stuart

REINER ZIMNIK

Bills Ballonfahrt

Der Bär auf dem Motorrad

Die Geschichte vom Käuzchen

Pasteten im Schnee